¡VAMOS DE FIESTA!

Antología para la lectura en voz alta

Grado 2

Harcourt

Orlando   Boston   Dallas   Chicago   San Diego

Visite *The Learning Site*

www.harcourtschool.com

For permission to translate/reprint copyrighted material, grateful acknowledgment is made to the following sources:

August House Publishers, Inc.: "The Bat " from *Twenty-Two Splendid Tales to Tell From Around the World,* Volume Two by Pleasant DeSpain. Text copyright © 1979, 1990, 1994 by Pleasant DeSpain.

Boyds Mills Press, Inc.: *Big Moon Tortilla* by Joy Cowley. Text copyright © 1998 by Joy Cowley.

Dial Books for Young Readers, a division of Penguin Putnam Inc.: *I Heard Said the Bird* by Polly Berrien Berends. Text copyright © 1995 by Polly Berrien Berends.

Editorial Planeta Argentina S.A.I.C.: "Caballitos" by Antonio Machado.

Luzmaría Jiménez Faro: "El ciempiés ye-yé" by Gloria Fuertes.

Highlights for Children, Inc., Columbus, OH: "A Measure of Spice" by Kelly Musselman from *Highlights for Children* Magazine, September 1998. Text copyright © 1998 by Highlights for Children, Inc.

Alfred A. Knopf, Inc.: "The Clever Warthog" from *Golden Shadows, Flying Hooves* by George B. Schaller. Text copyright © 1973 by George B. Schaller.

David LaRochelle: "One Little Can" by David LaRochelle from *Cricket* Magazine, April 1997. Text © 1997 by David LaRochelle.

Ellen Levine Literary Agency, Inc.: "The Rule" from *The Stories Huey Tells* by Ann Cameron. Text copyright © 1995 by Ann Cameron. Published by Alfred A. Knopf, Inc.

Morrow Junior Books, a division of William Morrow & Company, Inc.: *New Shoes for Silvia* by Johanna Hurwitz, illustrated by Jerry Pinkney. Text copyright © 1993 by Johanna Hurwitz; illustrations copyright © 1993 by Jerry Pinkney.

Dorothy Hinshaw Patent: From "What Good Is a Forest Fire?" by Dorothy Hinshaw Patent in *Spider* Magazine, July 1998. Text © 1998 by Dorothy Hinshaw Patent.

Random House Children's Books, a division of Random House, Inc.: *Mediopollito/Half-Chicken* by Alma Flor Ada. Text copyright © 1995 by Alma Flor Ada.

Scholastic Inc.: "Juan Bobo and the Three-Legged Pot" from *Señor Cat's Romance and Other Favorite Stories from Latin America,* retold by Lucía M. González. Text copyright © 1997 by Lucía M. González. Published by Scholastic Press, a division of Scholastic Inc. "Beatrix Potter" from *My First Book of Biographies: Great Men and Women Every Child Should Know* by Jean Marzollo. Text copyright © 1994 by Jean Marzollo. Published by Cartwheel Books, a division of Scholastic Inc. "Young Koko" from *Koko's Story* by Dr. Francine Patterson. Text copyright © 1987 by The Gorilla Foundation.

Gibbs Smith, Publisher, Salt Lake City, UT: I Know What You Do When I Go to School by Ann Edwards Cannon. Text copyright © 1996 by Ann Edwards Cannon. (Original publication illustrated and text hand-lettered by Jennifer Mazzucco.)

Viking Penguin, a division of Penguin Putnam Inc.: "The Country Mouse and the City Mouse" from *Aesop's Fables.* Text copyright © 1981 by Viking Penguin, Inc.

Every effort has been made to locate the copyright holders for the selections in this work. The publishers would be pleased to receive information that would allow the corrections of any omissions in future printings.

Printed in the United States of America

ISBN 0-15-316136-1

1 2 3 4 5 6 7 8 9 10   076   2002 2001 2000 1999

Contenido

No ficción

Leer en voz alta a los niños

por la Dra. Dorothy S. Strickland

Los niños escuchan atentos y embelesados el cuento que les lee con mucho entusiasmo su maestra Janine White. Hay una pausa mientras Janine modela cómo pensar en voz alta: —¿Me pregunto qué pasará después? Varias respuestas se unen a su sugerencia: —Vamos a seguir leyendo para ver qué pasa. Luego, Janine hace un comentario breve para explicar una palabra que puede ser confusa para los niños. De vez en cuando, ella intercala una pregunta o hace un comentario para dirigir la atención de los niños hacia un aspecto importante del cuento: —¿Cómo creen que se siente el niño ahora? ¿Qué les hace pensar eso? Bueno, ¡eso fue una sorpresa! Sus comentarios se mantienen cortos para que el cuento fluya sin grandes interrupciones. Sin embargo, si es un libro informativo, Janine y sus estudiantes pueden demorarse algunos minutos en una página, disfrutando de los nuevos conceptos y compartiendo ideas, antes de continuar. No es de sorprender que en este salón de clases uno de los momentos favoritos del día es cuando la maestra lee en voz alta.

La lectura en voz alta tiene muchos propósitos. Es reconocido que exponer a los niños al placer de la buena literatura es fundamental para desarrollar actitudes positivas hacia la lectura. En años recientes, también se ha empezado a valorizar la lectura en voz alta de cuentos, libros informativos y poesía por su gran contribución cognoscitiva al desarrollo de la lecto-escritura del niño.

A continuación, encontrará algunas de las aportaciones importantes que ofrece la lectura en voz alta al programa de la lecto-escritura y algunas sugerencias para sacar el máximo provecho de este valioso componente del currículo.

¿Por qué y para qué leer en voz alta?

- **La lectura en voz alta desarrolla conocimientos básicos.** Seleccione libros que expandan su conocimiento sobre el mundo y despierte en los niños la imaginación. Recuerde que la comprensión auditiva de los niños pequeños excede a la comprensión de lectura. Por lo tanto, lea selecciones que los lleven más allá de su propio nivel de lectura. La lectura en voz alta puede ser un componente clave en otras áreas del currículo. Escuchar y discutir libros de información sobre temas de estudios sociales y ciencias, garantiza que los niños tengan acceso a información que les sería difícil obtener leyendo por su cuenta.

- **La lectura en voz alta ayuda a entender la estructura de los textos.** Seleccione entre una gran variedad de materiales. Recuerde que aun dentro de la forma narrativa existe una gran variedad de textos. Los niños que han sido expuestos a muchos tipos de cuentos desarrollan un sentido agudo de las diferencias entre ellos. Por ejemplo, se familiarizan con cuentos de narrativa simple, cuentos acumulativos que tienen una estructura particular y cuentos de misterio con problemas para resolver y claves que los ayudan a solucionarlos. La exposición a la poesía y formas variadas de libros de información también ayudan a los niños a entender la naturaleza de las diferentes formas de escribir. La familiaridad con diferentes estructuras de textos ayuda a los niños en la comprensión de la lectura y en su propia redacción.

- **La lectura en voz alta provee oportunidades para responder a la literatura de diferentes maneras.** Planifique sesiones de reacción a la literatura. Frecuentemente la reacción a un poema o cuento es muy breve e informal. Algunas veces, Janine simplemente cierra el libro y pregunta: —*¿Algún comentario?* Los niños pueden responder oralmente a la selección completa o a una parte de ella: —*El cuento me recuerda a _____. Me gustó la parte cuando _____. Estaba asustado hasta que _____. Aprendí que _____.* A veces Janine escribe las respuestas en una tabla para volverlas a leer y agregarles comentarios después de otra lectura. Los niños necesitan oportunidades para expresar su reacción ante el texto de diferentes maneras. Discutir en grupos, escribir, dibujar y representar a través del movimiento son algunas de las formas en que los niños pueden reaccionar a la lectura en voz alta.

- **La lectura en voz alta ofrece oportunidades para desarrollar la comprensión por medio de las destrezas auditivas.** Seleccione literatura que capte el interés y la atención de los niños. Los estudiantes necesitan sentirse envueltos con la literatura si van a desarrollar sus habilidades para comprender, reaccionar y aplicar lo que escuchan y aprenden. La primera experiencia de este tipo ocurre a través de la lectura en voz alta. Al envolverse de tal manera con la literatura, los niños tienen la oportunidad de sentir y experimentarla verdaderamente. Estas experiencias sirven como base para aprender a interpretar y pensar críticamente sobre lo leído.

Algunas sugerencias para leer en voz alta a los niños

1. Léales regularmente.
2. No programe la lectura en voz alta para el final del día cuando es más fácil dejarla de lado.
3. Lea expresivamente. Muestre interés y entusiasmo por la selección que está leyendo.
4. Al principio del año establezca las reglas de conducta que deben seguir durante la lectura en voz alta, enfatizando la necesidad de respetar el derecho de todos a escuchar y a disfrutar de la lectura. Permita que la presión del grupo se encargue del resto.

Cuentos

La tortilla igual a la luna

por Joy Cowley

PROPÓSITO AL ESCUCHAR LA LECTURA: disfrutar y apreciar un cuento

SUGERENCIA PARA LEER EN VOZ ALTA: Varíe el ritmo en que lee el cuento para reflejar la creciente frustración de Marta y el modo tranquilo en que la aconseja su abuela.

Cuando Marta Enos terminó de hacer su tarea, el atardecer había pintado de anaranjado el cielo y el viento refunfuñaba a través del desierto.

Marta Enos abrió su ventana y miró hacia afuera.

Podía ver a Abuela en la cocina, haciendo tortillas para la cena de la iglesia. Les daba forma a las tortillas a palmadas antes de dejarlas caer en la plancha de hierro que descansaba arriba del fuego de mezquite. Las tortillas de Abuela parecían lunas llenas y eran ¡las más sabrosas del mundo!

Pida a los niños que decidan cuál será su propósito al escuchar.

En México, una *tortilla* es un pan redondo y plano hecho de harina de trigo o maíz.

La cabeza de Marta Enos estaba llenita de ideas sobre esas tortillas. ¡Qué olor. . . dulce y crujiente y un poquito quemado! El olor le bajó al estómago, le hizo sonar las tripas y le llegó a los pies. Solitos, los deditos de sus pies se empezaron a menear hacia la cocina.

Las piernas de Marta Enos no podían esperar ni un minuto más. Tenían tanta prisa para llegar a la cocina, que tropezaron con la mesa de Marta y la tumbaron. Entonces ocurrió un desastre.

Todas sus tareas, con su letra tan bonita y sus dibujos tan detallados, salieron volando por la ventana. El viento refunfuñón se las llevó.

El viento resopló los papeles por el aire muy altos, y después tosió, esparciéndolos por toda la aldea.

Las piernas de Marta sintieron gran pena por su error y salieron corriendo detrás de las tareas. Pero los papeles se resbalaban y deslizaban como cometas sin cordel.

Los perros también corrieron detrás de las tareas. Saltando en el aire, ladraban: —¡A jugar! ¡A jugar!

En un soplo, todas sus tareas, tan bonitas y detalladas, estaban mordiscadas, rotas y hechas basura.

El segundo desastre ocurrió cuando Marta le trató de quitar una hoja a un cachorro. Se le cayeron los lentes y los pisó sin querer. Uno de los lados de la armadura se rompió en dos pedazos.

¿Cuál es la causa de los dos desastres de Marta? ¿Cómo creen que ella se siente?

Ya Marta no podía oler las tortillas. Tenía la cabeza llena de tristeza y lágrimas que le causaban ardor en los ojos como si fueran chiles picantes. ¡Su tarea estaba en ruinas! Marta corrió a su Abuela.

Abuela dejó las tortillas y se sentó para cargar a Marta. Le acarició el pelo con sus manos cubiertas de harina y le dijo: —Ya, mi niña, ya. Si sigues llorando así, vas a apagar el fuego.

—¡Los perros me mordiscaron la tarea, y ahora no puedo ver para volverla a hacer! —sollozaba Marta.

Abuela comenzó a mecerla: —Problemitas —dijo— demasiado pequeños para una tormenta. Vamos a arreglar tus lentes.

Pero las lágrimas de Marta Enos todavía corrían por sus ojos y nariz y le daban hipo en la garganta.

Abuela le cantó una vieja canción para curar las penas, y en la canción había una historia:

Cuando se nos presenta un problema, tenemos que decidir quién vamos a ser. A veces debemos ser un árbol parado derecho en medio del desierto, mirando en todas las direcciones a la vez.

¿Alguna vez han tratado de resolver un problema de alguna de estas maneras? Expliquen.

Algunas veces es mejor ser una piedra, sentada muy quietecita, sin fijarse en nada y sin decir nada.

Otras veces, cuando tienes un problema, tienes que ser fuerte como un puma, feroz y lista para luchar por el bien.

Y hay veces que lo más sabio es ser un águila y volar. Cuando el águila está en lo alto, ve lo pequeña que es la Tierra. Ve lo pequeño que es el problema, y se ríe y se ríe.

Abuela pegó los pedazos rotos de la armadura con una tira de cinta adhesiva. Entonces le puso los lentes en la nariz y orejas a Marta Enos: —Esto servirá hasta que los llevemos a arreglar —dijo—. ¿Quieres una tortilla antes de la cena?

Abuela tomó una bola de masa y comenzó a darle palmadas entre las manos. ¡Tap, tap, tap, tap, tap! Cuando la tortilla lucía tan grande y tan blanca como la luna llena al salir, Abuela la dejó caer en la plancha de hierro arriba de las brasas ardientes.

¡Oh, el olor de esa tortilla que se doraba y burbujeaba!

—He decidido —dijo Marta Enos, mientras sus piernas bailaban una danza en honor a las tortillas—, que voy a ser el águila.

¿Qué creen que Marta decidirá ser? ¿Por qué?

Abuela asintió con la cabeza: —Haces muy bien —dijo, dándole la vuelta a la tortilla—. Vuela bien alto y ríete. Y después regresa a hacer tu tarea.

1. **¿Qué aprende Marta sobre cómo se deben resolver los problemas?** (Respuesta posible: Aprende que hay distintas maneras de resolver problemas.)

2. **¿Alguna vez han tenido un problema como el de Marta? ¿Cómo lo resolvieron?** (Las respuestas variarán.)

Lo que oyó el pajarito

por Polly Berrien Berends

PROPÓSITO AL ESCUCHAR LA LECTURA: disfrutar y apreciar un cuento

SUGERENCIA PARA LEER EN VOZ ALTA: Interprete los personajes por medio de su voz, lenguaje corporal y expresiones faciales.

Un pajarito voló hasta el corral.

—Acabo de oír. . . —dijo el pajarito—, acabo de oír. . .

> Ayude a los niños a determinar un propósito al escuchar.

—¿Qué cosa? —preguntaron todos los animales—. ¿Qué es lo que oíste?

—Acabo de oír —dijo el pajarito— que está al llegar un PEQUEÑUELO.

Pronto el establo entero estaba alborotado por la noticia. Todos empezaron a preguntar: —¿Qué clase de PEQUEÑUELO va a llegar?

¿Por qué se alborotaron todos los animales?

—¿Será un patito? —le preguntaron a la pata. Pero la pata dijo que no.

—¿Será un cerdito? —le preguntaron a la cerda. Pero la cerda dijo que no.

Le preguntaron a la gansa y a la liebre.

Le preguntaron a la ratoncita y a la yegua.

Preguntaron por aquí y por allí y por todas partes.

Pero todos dijeron que no.

Entonces, todos los animales preguntaron a la vez: —¿Cómo sabes que un PEQUEÑUELO está al llegar?

—Acabo de oír la noticia —dijo el pajarito.

—¿Cómo? —dijo la vaca.

—¿Cuándo? —dijo la gallina.

—¿Dónde? —dijo la yegua.

—¿En la casa? —chilló la ratoncita.

En eso, un niñito salió. —¿Qué pasa? —preguntó.

—Bueno, —le dijeron los animales— se trata del PEQUEÑUELO.

—Acabo de oír la noticia —dijo el pajarito.

—¿Cómo? —dijo la vaca.

—¿Cuándo? —dijo la gallina.

—¿Dónde? —dijo la yegua.

—¿En la casa? —chilló la ratoncita.

—Sí —dijo el niñito.

—¿Sí, qué? —gritaron todos los animales.

¿Qué creen que será el "pequeñuelo"?

—Sí —dijo el niñito—, el PEQUEÑUELO está en la casa. Si no hacen ningún ruido, los llevo a verlo.

—¡Qué bueno! —gritaron todos los animales juntos.

Entonces, muy calladito, el niñito llevó a los animales a la casa. Todos fueron hasta la ventana en puntillas para no hacer ruido.

¿Por qué les dice el niño a los animales que no pueden hacer ruido si quieren ver al pequeñuelo?

—Es un bebito nuevo —el niño susurró.

—¡Qué bonito! –dijo el pajarito.

—¡Increíble! —dijo la vaquita.

—¡Cosa hermosa! —comentó la yegua.

—¡Verdad que sí! —contestó la liebre.

1. **¿Cuáles son algunos de los animales en el cuento?**
   (Respuesta posible: el pajarito, la pata, la cerda, la gansa, la liebre, la ratona, la yegua, la vaca y la gallina)

2. **¿Cómo se sienten los animales acerca del pequeñuelo?**
   (Respuesta posible: Están contentos y entusiasmados.)

Yo sé lo que hacen cuando voy a la escuela

por Anne Edwards Cannon

PROPÓSITO AL ESCUCHAR LA LECTURA: relacionar las experiencias propias con las de otras personas

SUGERENCIA PARA LEER EN VOZ ALTA: Al leer el cuento, ponga énfasis en las exageraciones del narrador.

¡Apúrate, Joseíto! Vas a llegar tarde. ¿Joseíto?

Mami, yo estaba pensando. Yo sé lo que tú y Walter hacen cuando voy a la escuela.

En lo que estoy sentado en mi pupitre pegando estrellas en un papel, vistes a Walter. Él se quiere poner la camisa de pijamas de Batman, y tú se lo permites.

En lo que escribo mi nombre en el pizarrón, tú y Walter sacan el jabón y soplan pompas por toda la casa. Hasta en la sala.

Entonces brincan en todas las camas con los zapatos puestos. Pero primero se deslizan por el pasamanos de la escalera. Y le das el primer turno a Walter.

En lo que cuento las canicas que hay en un frasco durante la clase de matemáticas, tú y Walter se tiran de cabeza por la canal de la ropa sucia. Tú gritas: —¡Abran paso! —y Walter chilla— ¡Cuidado, que voy!

Después de eso, usan todas las toallas y las sábanas y las frazadas para hacer un fuerte enorme. Entonces se esconden de los malvados.

¿Qué piensa Joseíto de tener que ir a la escuela?

En lo que estoy cantando "La arañita pequeñita", tú y Walter llaman a cantidad de gente por teléfono. Llaman a Papi. . . y a Abuela. . .y a Tía Sandra. Walter llama al Conejo de Pascua.

En lo que le doy de comer algodoncillo a las orugas de mariposas monarcas, tú y Walter excavan huesos de dinosaurios en el jardín. Capitán los ayuda.

En lo que como una merienda de galletas y frutas, ustedes van al mercado y compran golosinas. Bolsas grandísimas. Más

caramelos de los que se pudiera comer un gigante hambriento. Hacen falta cinco carritos para llevar todas las golosinas al auto. De regreso a casa, paran en la tienda de vídeos y alquilan películas. Dejas que Walter escoja. Él elige quince películas de ninja y tú se lo permites.

En lo que aprendo a amarrarme los zapatos, ustedes regresan a casa y miran las quince películas. Pero primero hacen palomitas de maíz. Walter pone demasiado maíz en la cacerola y la cocina se llena de palomitas hasta el techo, y tú ni siquiera te pones brava. Ustedes se escapan por una ventana y suben a la azotea.

En lo que yo hago ejercicios caminando como un cangrejo por todo el gimnasio, un helicóptero aterriza en la azotea de nuestra casa. Tú y Walter se montan y se ponen cascos. El piloto le da su

¿Por qué se imagina Joseíto que su mamá y su hermano tienen aventuras emocionantes mientras que él está en la escuela?

transmisor portátil a Walter y te deja manejar. Entonces ustedes vuelan a un restaurante donde ordenan pizza de almuerzo. Mi comida favorita.

Mami, yo he estado pensando. La verdad es que no quiero ir a la escuela.

Ven aquí, Joseíto. ¿Tú sabes lo que hacemos después de almuerzo? Walter y yo despedimos al helicóptero y caminamos cincuenta y cinco millas de regreso a casa donde guardamos el jabón de hacer pompas y las frazadas y las palas que usamos para excavar los huesos de dinosaurios.

¡Luego tendemos las camas, enrollamos los vídeos hasta el comienzo, botamos las envolturas de todos los caramelos y barremos la

casa entera, hasta que no quede ni
una sola palomita! Puedes estar muy
seguro que todo este trabajo deja a
Walter cansadísimo. ¿Tienes alguna
idea de lo que hago entonces?

¿Qué creen que
va a decir la
mamá de Joseíto?

¿Qué haces?

Acuesto a Walter para que tome una
siesta bien larga y aburrida toda la
tarde.

¡Una siesta! Mm. . .

1. **¿Qué cree Joseíto que sucede en casa cuando él está en la escuela?** (Respuesta posible: Él piensa que su mamá y su hermano hacen todo lo que a él no se le permite hacer.)

2. **Cuenten sobre un día que no tuvieron clases por que fue día de fiesta o de vacaciones. ¿Qué hicieron para divertirse?** (Las respuestas variarán.)

Ficción
realista

Los zapatos nuevos de Silvia

por *Johanna Hurwitz*
ilustraciones de *Jerry Pinkney*

PROPÓSITO AL ESCUCHAR LA LECTURA: relacionar las experiencias e ideas propias con las de otras personas

SUGERENCIA PARA LEER EN VOZ ALTA: Al leer el cuento, haga énfasis en las descripciones sensoriales de los zapatos de Silvia.

Érase una vez que en otra parte de América llegó un paquete a la oficina de correos. Lo había mandado la Tía Rosita. Dentro del paquete había regalos para toda la familia.

Para Silvia había un regalo maravilloso: un par de zapatos de un rojo vivo con pequeñas hebillas que brillaban como la plata en el sol.

Silvia enseguida se quitó los zapatos viejos y se probó sus bellos zapatos nuevos. Entonces dio vueltas por la cocina para que todos los vieran.

—Mira, mira —le decía a cada uno.

El cuento tiene lugar en un pueblo de América Central.

—Esos zapatos son tan rojos como el sol al atardecer, —dijo su abuela— pero te quedan grandes.

—Son rojos como la masa de una sandía —dijo Papá—. Pero te quedan demasiado grandes, y te vas a caer con ellos.

—Tía Rosita te mandó zapatos del color de una rosa —dijo Mamá—. Vamos a guardarlos hasta que te queden bien.

Silvia se puso triste. ¿De qué le servían los zapatos nuevos si no se los podía poner?

Esa noche, Silvia se llevó los zapatos a la cama y durmió con ellos.

A la mañana siguiente, Silvia se volvió a probar los zapatos rojos. A lo mejor había crecido un poco durante la noche.

No, los zapatos todavía le quedaban grandes. Pero vio que tenían el tamaño perfecto para servir de camas para dos de sus muñecas. A pesar de que era de día, las muñecas se quedaron dormidas en el acto en sus nuevas camitas rojas.

Al cabo de una semana, Silvia se probó los zapatos rojos otra vez. A lo mejor había crecido durante la semana.

No, los zapatos todavía le quedaban grandes. Pero Silvia notó que servían muy bien de tren de dos vagones. Los empujó por todo el piso. ¡Qué bien la pasaron sus bebitas montando en el tren rojo!

Al cabo de otra semana, Silvia se probó los zapatos rojos una vez más. Seguro que ya había crecido lo suficiente para que le sirvieran.

No, los zapatos todavía le quedaban grandes. Pero Silvia halló un cordel y se lo amarró a los zapatos. Entonces tiró de ellos como si fuesen bueyes trabajando en el campo.

Los *bueyes* son animales grandes que se usan para jalar los arados en el campo.

Pasó una semana más, y Silvia se volvió a probar los zapatos. ¿Le servirían esta vez?

No, los zapatos todavía le quedaban grandes. Pero vio que tenían el tamaño perfecto para guardar los lindos caracoles y las piedritas lisas que había recogido el día que sus abuelos la llevaron a la playa.

¿Creen que Silvia tiene buena imaginación? ¿Por qué creen que sí o que no?

Pasó otra semana más y después otra y otra más. A veces Silvia estaba tan ocupada jugando con los demás niños o ayudando a su mamá con su nuevo hermanito o dándoles de comer a los pollos o buscando los huevos que se le olvidaba probarse los zapatos rojos.

¿Por qué se le olvida probarse los zapatos a Silvia?

Un día, Mamá le escribió una carta a Tía Rosita. Silvia se acordó de los zapatos rojos. Les sacó todos los caracoles y piedritas y los limpió con su falda. Estaban tan rojos y bonitos como antes. ¿Le quedarían bien hoy?

Sí.

—¡Mira, mira! —gritó, corriendo a enseñárselos a Mamá y su hermanito—. Miren, miren. Los zapatos ya no me quedan grandes.

Silvia llevó puestos sus zapatos rojos cuando caminó con Mamá hasta el correo a echar la carta.

—A lo mejor habrá un paquete nuevo para nosotros —dijo Silvia.

—Los paquetes no llegan todos los días —dijo Mamá.

—A lo mejor la próxima vez Tía Rosita me mandará zapatos azules —dijo Silvia.

Echaron la carta y regresaron caminando a casa. Los zapatos de Silvia eran tan rojos como el sol al atardecer. Eran tan rojos como la masa de una sandía. Eran tan rojos como una rosa. Las hebillas brillaban como la plata en el sol.

Y lo mejor de todo era que los zapatos le quedaban perfectos a Silvia.

1. **¿Cómo resolvió Silvia el problema de tener zapatos que no le servían?** (Respuesta posible: Usó los zapatos como juguetes hasta que le quedaron bien.)

2. **¿De qué otra manera hubieran usado ustedes un par de zapatos que le quedaban grandes?** (Las respuestas variarán.)

Una latita

por David LaRochelle

PROPÓSITO AL ESCUCHAR LA LECTURA: disfrutar y apreciar un cuento

SUGERENCIA PARA LEER EN VOZ ALTA: Use una voz distinta para cada personaje.

Raquel iba con mala cara hacia la parada del autobús de la escuela. Su barrio parecía un basurero. La acera estaba llena de periódicos y envolturas de dulces. La puerta de la tienda de abarrotes de Li estaba toda cubierta de graffiti. A pesar de que estaban en primavera, en vez de hierba verde y flores de colores, todos los patios estaban sembrados de ramas muertas y basura.

—¡Oh! —dijo Raquel, y alzó el pie para patear una lata de refresco que vio en el bordillo. Pero cambió de pensar, recogió la lata y la tiró en el latón de basura de la esquina. Entonces se apuró para reunirse con sus amigos en la parada del autobús de la escuela.

> ¿Cómo se siente Raquel cuando va caminando a la parada del autobús? ¿Cómo es que sus sentimientos afectan lo que hace cuando ve la lata de refresco?

El señor Li miraba con mala cara por la vidriera de su tienda: —Umm —decía al ver pasar a la niña—. Probablemente es una de esos muchachos que se pasan la vida armando líos, pensó. Una de esos que escribieron todo este graffiti en mi puerta con pintura. Los muchachos de hoy no sirven para nada.

Como para comprobar su sospecha, la niña dio un paso hacia atrás para patear una basura hacia la calle. Pero lo que hizo entonces, lo sorprendió. Ella se agachó, recogió la lata vieja y la botó en la basura.

Eso sí que es un milagro, pensó el señor Li.

¿Qué creen que hará el señor Li?

Toda esa mañana, mientras que desempacaba latas de sopa y cajas de cereal, el señor Li siguió pensando en la niña. Al mediodía, cuando fue hasta la esquina para echar una carta en el buzón, notó toda la basura que se había amontonado delante de su tienda. Pensó en la niña otra vez, y sacó una escoba y empezó a barrer la acera.

Detrás de las persianas de su sala, la señora Polansky espiaba el vecindario. Una hoja de periódico estrujado voló en su patio y se enredó en un rosal. Le disgustaba mucho vivir en frente de la tienda de Li. La gente constantemente tiraba basura al piso delante de la tienda y ésta siempre acababa por volar en su patio.

A lo mejor debía de escribir una carta al municipio o llamar al alcalde. Si el señor Li va a permitir que su tienda se convierta en una molestia a todo el vecindario, es posible que lo mejor sería cerrarla.

En eso, el señor Li salió por la puerta. La señora Polansky cerró las persianas, pero cuando volvió a mirar, vio que él estaba barriendo la basura de la acera.

Eso sí que es un milagro, pensó la señora Polansky.

A los pocos minutos, cuando dejó salir al gato, notó que el periódico se había soltado del rosal y que el viento se lo llevaba hacia el patio de al lado. De reojo vio la mala cara que tenía la señora Sinclair que la miraba desde el portal.

La señora Polansky echó un buen vistazo a su propio patio descuidado.

—Bueno, Peluche, —le dijo al gato— el señor Li no es el único que tiene que hacer una buena limpieza.

Entró a su casa y buscó los guantes de trabajo y una bolsa para la basura.

Cuando Raquel se bajó del autobús por la tarde, lo primero que vio fue a una mujer plantando geranios a cada lado del caminito a su puerta. Un gato gris y gordo trataba de darle con la cola a las mariposas que revoloteaban alrededor de las flores rojas. ¿No había estado ese patio lleno de ramas muertas y periódicos mojados por la mañana? Varios otros patios también lucían más limpios. Hasta se podían ver unas flores de azafrán en un jardín recién rastrillado.

Cuando pasó la tienda de Li, Raquel vio al señor Li pintando la puerta del color del cielo en primavera. Él le sonrió al verla pasar.

¿Cómo creen que Raquel se siente ahora?

Mi barrio no me parece tan feo como esta mañana, pensó Raquel. Se agachó a recoger la envoltura de un caramelo, la tiró en la basura como si fuera una pelota de básquetbol y siguió rumbo a casa cantando en voz alta.

Cuando Raquel bota la lata vacía en la basura, ¿cómo cambia su barrio? (Respuesta posible: Comienza una serie de buenas acciones que limpian el barrio.)

La regla

por Ann Cameron

Mi mamá y mi papá tienen una regla. En todas las comidas, Julio y yo tenemos que comer por lo menos un poquito de lo que nos sirven.

A Julio no le molesta. Mami dice que, desde que era chiquito, él se ha comido todas las verduras y hasta muchas comidas extrañas.

Cuando yo nací, mi mamá pensó que yo iba a ser igual que Julio. Pero no fue así. Es por causa mía que inventaron la regla.

Como consecuencia de la regla, he probado las ostras y los espárragos. He probado la berenjena y los nabos.

He comido un pedacito de rábano tan pequeñito que después tuve que usar una lupa para enseñarle a mis padres que de verdad le faltaba algo al rábano.

A causa del rábano, ellos lo añadieron a la regla. Ya no se puede usar una lupa para demostrar que uno probó un alimento. Hay que comer más que eso.

La regla también tiene otra parte. Ésta tiene que ver con los restoranes y es así:

La comida en los restoranes es cara. El que pide algo en un restorán se lo tiene que comer todo.

¿Conocen alguna regla parecida? ¿Tienen esta regla en sus casas? ¿Les gusta probar comidas nuevas?

Un día, mi mamá y mi papá decidieron llevarnos a Julio y a mí a comer fuera. También invitaron a Gloria.

Mami nos dijo que nos pusiéramos elegantes para ir al restorán, con pantalones oscuros y camisas blancas y nuestros mejores zapatos de domingo. Julio trató de vestirse bien para lucir mayor.

Yo estaba un poco preocupado por la regla. Traté de vestirme de la mejor manera para que me diera hambre. Me apreté bien el cinturón alrededor de mis mejores pantalones. Tenía esperanzas de que eso me diera hambre.

Paramos a recoger a Gloria, que también estaba muy bien vestida. Llevaba un vestido rosado y zapatos nuevos con lazos.

El restorán se llamaba el Mesón del rey Enrique. Había muchos carros estacionados afuera y una alfombra roja conducía hacia adentro. Un hombre tan bien vestido como nosotros nos abrió la puerta y nos llevó a la mesa.

Nuestro camarero era muy alto y delgado. Lucía como si se pudiera comer diez almuerzos a la vez y éstos desaparecerían dentro de él sin dejar huellas. Probablemente sabía la mejor manera de llevar el cinturón para tener bastante hambre.

Cuando nos trajo el menú, viré la cabeza para poder verle el cinturón. ¡Lo llevaba flojo! Me aflojé el mío tres agujeros y enseguida me entró hambre.

El menú estaba dentro de una carpeta de cuero. Era muy grande, con letras doradas y negras, muy adornadas. Busqué palabras que conocía. En el centro de la primera página, había una tarjeta que decía:

Plato Especial

Setas gigantes del bosque a la parrilla con trucha fresca de ríos helados de las montañas

"Especial" es mi palabra favorita. También me gustan las palabras "gigantes", "fresca" y "ríos". Todas esas palabras me dieron mucha hambre. Me aflojé el cinturón un agujero más.

—¿Qué es la trucha? —le pregunté a mi mamá.

—Es un pescado —me dijo.

El *plato especial* es una comida que no está en el menú regular.

—Eso es lo que yo quiero —dije.

—¿Estás seguro? —me preguntó mi papá—. ¿Estás seguro que no quieres una hamburguesa? Eso es lo que va a comer Julio. ¿O prefieres la "ensalada del chef"? Es lo que va a comer Gloria.

—Estoy seguro —contesté—. Yo quiero el Plato Especial.

—Sabes que cuando te lo traigan te lo tendrás que comer —dijo mi mamá.

—Yo sé —dije.

El señor delgado trajo la hamburguesa de Julio, la

ensalada de Gloria y pollo para mi mamá y mi papá. A mí
me trajo el Plato Especial.

Las setas gigantes rodeaban el plato como si fueran un
bosque. La trucha estaba en el medio. Todavía tenía la cabeza
y la piel. Tenía la boca abierta como si estuviese tratando de
respirar. Tenía el ojo grande, blanco, triste y cocinado. Y me
estaba mirando.

—Perdona —le dije y miré hacia el lado.

Me fijé en las setas gigantes. Los casquetes lucían más
como alas que sombreros. Juntas parecían un bosque oscuro.

¿Por qué le pide
perdón Hugo al
pescado?

Eran gruesas y un poco blandas, pero me daban la impresión de que eran cuartos en una casa. Probablemente, duendes habían vivido bajo ellas y bailado alrededor de ellas a la luz de la luna. Si me comía una, a lo mejor me estaría comiendo la casa de un duende.

Pero tenía que hacerlo. —Perdonen —les dije.

Tomé el tenedor y el cuchillo. Corté un pedazo. Tenía sabor a bosque con mantequilla. Me gustaba el sabor. Me comí todas las setas.

—¡Hugo se comió todas las setas! —dijo mi mamá.

—Pero no ha tocado el pescado —dijo mi papá.

—Yo sé —dije.

No quería tocarlo con el dedo. Toqué la cola con el cuchillo.

El ojo del pescado me estaba mirando. Dejé de tocarle la cola.

Me pregunté si tendría que comerme el ojo. si era así, me comería la cola primero. Guardaría el ojo hasta el final.

Me podría comer el pescado si no tuviera que mirarlo.

Pero es difícil comerse la comida sin mirarla. El tenedor nunca llega al plato.

Dos de las paredes del restorán estaban cubiertas de espejos. Por dos lados, podía ver como el tenedor no conectaba con el plato. También podía ver cantidad de ensalada en el plato de Gloria.

¿Cómo trata Hugo de comerse el pescado? ¿Qué le sucede?

—Señora, —Gloria le preguntó a mi mamá— ¿le molesta si no termino la ensalada?

—Claro que no, mi hijita —dijo mi mamá—. Tú eres nuestra invitada.

Di media vuelta en la silla y miré hacia el fondo del salón. ¡Había un acuario! Estaba lleno de peces morados, todos vivos, con colas llenas de vuelos como trajes de ballet. Me estaban mirando. Parecía que estaban hablando. Querían ver lo que yo iba a hacer.

—Perdonen —les dije entre dientes. Apoyé el tenedor en las rodillas.

—Hugo, —dijo Papá— ya casi terminamos.

—Perdona —dije.

—No te tienes que comer ni la cabeza, ni la cola, ni la piel —me explicó mi mamá—. Quítale la piel y cómete lo de adentro.

—¿Lo de adentro? —pregunté.

—La carne —dijo mi mamá.

—Hugo, si terminas tu pescado, puedes tomarte un helado —me prometió Papá.

Moví las piernas. Se me cayó el tenedor y también la servilleta. El señor delgado estaba al tanto. Los recogió y se los llevó. Entonces me puso un tenedor limpio al lado del plato y me dio una servilleta nueva.

¿Creen que Hugo se va a comer el pescado?

Me acordé de algo que vi en televisión: una operación del corazón. Los médicos no miraban al paciente. Lo tenían

cubierto con una sábana. Mami me dijo que era para olvidarse de que era una persona y poder cortarlo.

Tomé mi servilleta nueva y cubrí todo el pescado menos el centro.

Julio casi se atoró con un pedazo de pan: —¡La servilleta de Hugo! —dijo, apuntando con el dedo.

—¡Qué horror! —dijo Gloria.

—¡Hugo! —exclamó Papá.

—¡¿Qué modales son esos?! —me recordó Mamá.

No escuché. No tenía tiempo.

Tomé el tenedor en la mano. Le quité un trozo grande al pescado, lo mastiqué y me lo tragué.

Tragué tres veces más para no atragantarme. Me comí nueve pedazos más, y eran pedazos grandes.

¿Cómo resuelve su problema Hugo?

—Hugo se lo comió casi todo —dijo Gloria.

—Hugo se lo tiene que comer todo todo —dijo Julio—. Esa es la regla.

Miré a Mami y Papi: —¿Me lo tengo que comer todo? —les pregunté. Me sentía muy lleno.

—Julio, —dijo mi mamá— las reglas no son absolutas. Las personas crean reglas para hacer la vida mejor. Pero si una regla no da resultado, se puede cambiar.

Mi papá dijo: —Hugo comió muy bien esta noche. Pero si sigue comiendo, se puede enfermar.

Mi mamá dijo: —Estoy muy orgullosa de Hugo. Fue intrépido y probó dos comidas nuevas.

Me sonaba a que era un héroe o un explorador.

—¿Pero que va a ser de la regla? —protestó Julio.

—A lo mejor ya no la necesitamos —dijo mi mamá—. ¿Qué crees, Hugo?

Miré a mi plato. No quedaba ni una seta. Me había comido casi todo el pescado. Julio nunca jamás había comido

> ¿Creen que Hugo querrá que se queden con la regla?

tanto. Si se hubiera arriesgado en un restorán, no habría podido.

—Debemos quedarnos con la regla —dije.

---

1. **¿Qué regla tiene la familia de Hugo?** (Respuesta posible: En todas las comidas, Julio y Hugo tienen que comerse por lo menos un poquito de lo que tienen en el plato. En los restoranes, se tienen que comer todo lo que piden.)

2. **¿Qué harían si una comida que piden en un restorán es distinta a lo que pensaron que iba a ser?** (Las respuestas variarán.)

Fábulas

EL JABALÍ ASTUTO

fábula, africana adaptada por George Schaller

PROPÓSITO AL ESCUCHAR LA LECTURA: **disfrutar y apreciar una fábula**

SUGERENCIA PARA LEER EN VOZ ALTA: **Al leer esta fábula africana, imite el tono quejumbroso del jabalí.**

Había una vez un jabalí que se refugió en una cueva. De pronto, un león entró en la cueva. El jabalí enseguida empezó a fingir que estaba tratando de sujetar el techo de la cueva con los colmillos. En una vocecita se quejó: —León, león, ayúdame a sujetar el techo que se está cayendo y nos va a matar a los dos. —En el acto, el león comenzó a sujetar el techo con las patas.

> ¿Por qué le pide el jabalí al león que lo ayude a sujetar el techo de la cueva?

El jabalí le dijo entonces: —Tú eres mucho más fuerte que yo. ¿Por qué no sujetas el techo tú solo en lo que yo voy a buscar unos troncos para apuntalarlo? El león vanidoso se sintió halagado y le dijo que sí. Y el jabalí se escapó.

1. **Las fábulas se usan a menudo para enseñar una lección. ¿Qué lección aprendieron de esta fábula?** (Las respuestas variarán.)

2. **¿Por qué se queda el león en la cueva después de que se va el jabalí?** (Respuestas posibles: El león le quiere mostrar al jabalí que es fuerte. El león piensa que el techo se derrumbará encima de él si no lo sujeta.)

Ratón de campo y Ratón de ciudad

fábula de Esopo

PROPÓSITO AL ESCUCHAR LA LECTURA: escuchar una fábula de manera receptiva

SUGERENCIA PARA LEER EN VOZ ALTA: Lea esta fábula despacio para que los niños tengan tiempo de comprender el lenguaje complejo.

Una ratoncita honesta, sencilla y sensata que vivía en el campo invitó a su amiga de la ciudad a que se pasara unos días con ella. Cuando llegó su vieja amiga de la ciudad, la ratoncita del campo la recibió con todo cariño y generosidad. No escatimó ni un solo bocado de su despensa—ni guisantes, ni cebada, ni mondaduras de queso, ni nueces—con la esperanza de que una gran cantidad de comida supliera la falta de calidad. La pobrecita ni siquiera comió para que no le faltara alimento a su amiga. La ratoncita de la ciudad se dignó a probar algunos pedacitos, pero por fin exclamó:

—Hija, déjame ser franca contigo. ¿Cómo puedes soportar esta vida tan aburrida, con sólo bosques y prados y montañas y arroyos a todo tu alrededor? ¡No comprendo cómo puedes preferir estos campos solitarios a las calles repletas de gente y carruajes! ¿No anhelas oír la conversación del mundo en vez del constante cantar de los pájaros? Te prometo que si vas a la ciudad, te encantará el cambio. ¡Vámonos ahora mismo!

Abrumada por las palabras y modales tan elegantes de su amiga, la ratoncita del campo asintió, y las dos salieron de viaje. Alrededor de la medianoche, llegaron a una casa muy fina, donde vivía la ratoncita de la ciudad. Dentro, había sofás de terciopelo carmesí, esculturas de marfil y, en la mesa, se veían las sobras de

Pida a los niños que decidan cuál será su propósito al escuchar.

¿Por qué decide la ratoncita del campo visitar la ciudad?

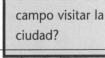

un banquete espléndido. Le tocaba a la ratoncita de la ciudad ser la anfitriona, y sentó a su amiga en el centro de una alfombra persa. Corrió aquí y allí, buscando con qué satisfacer todos los antojos de su invitada, sirviéndole manjar tras manjar y delicia tras delicia. La ratoncita del campo disfrutó enormemente, encantada con su buena suerte. En el momento en que comenzaba a despreciar la pobre vida que había dejado atrás, la puerta se abrió de golpe y un grupo de gente entró en el salón con mucho alarde y ruido. Asustadísimas, las amiguitas buscaron una esquina donde esconderse. Cuando se atrevieron a asomarse, los ladridos de los perros las hicieron esconderse de nuevo aterrorizadas. Por

> ¿Qué creen que hará la ratoncita del campo?

fin, cuando las cosas se calmaron, la ratoncita del campo salió de su escondite y en una voz bien bajita le dijo adiós a su amiga: —Querida, este modo de vida tan elegante te vendrá bien a ti, pero yo prefiero mi pobre cebada en paz y tranquilidad al banquete más rico donde el miedo y el peligro están a la espera.

Una vida sencilla en paz y tranquilidad es preferible a una vida lujosa llena de miedo.

1. **¿Preferirían la vida de la ratoncita del campo o la de la ciudad?** (Las respuestas variarán.)

2. **Expliquen la lección de "Ratón de campo y Ratón de ciudad" en sus propias palabras.** (Respuesta posible: Es mejor vivir con menos en un lugar seguro que tener muchas cosas lujosas en un lugar donde hay que preocuparse constantemente.)

Cuentos populares

El murciélago

cuento de Asia Central,
adaptado por Pleasant DeSpain

PROPÓSITO AL ESCUCHAR LA LECTURA: **disfrutar y apreciar un cuento popular**

SUGERENCIA PARA LEER EN VOZ ALTA: Use una voz distinta para cada uno de los tres animales en el cuento.

> Pida a los niños que decidan cuál será su propósito al escuchar.

Hace mucho tiempo, el murciélago no dormía de día y volaba de noche como lo hace ahora. Permanecía despierto durante las horas de luz y volaba por el cielo con las aves y los pájaros.

Un día de sol brillante, se encontró con un águila que atravesaba el firmamento.

—Amigo Murciélago —lo llamó el águila—, lo he estado buscando por todos sitios.

—¿Y qué quiere de mí? —le preguntó el murciélago.

—La parte de los impuestos que le corresponde. Todas las otras aves ya pagaron.

—Pero yo no soy ave —le explicó el murciélago—. ¿Por qué quiere que pague si no soy ave?

—Tiene alas y vuela como un pájaro —dijo el águila—. Estamos volando juntos ahora mismo. Lo justo es que pague igual que los demás.

—Fíjese bien, amiga Águila, y le demostraré que no soy pájaro. —Y, al instante, el murciélago voló a la tierra y corrió dentro del bosque en cuatro patas.

—¡Tenía razón! —exclamó el águila—. No es ave, es animal terrestre.

Al poco rato, el murciélago llegó a un arroyo y, como estaba agotado de tanto correr, se sentó a la sombra a descansar.

Un tigre sediento paró en el arroyo a beber. Viendo al murciélago, dijo: —¡Cuánto me alegro de encontrarlo por fin, amigo Murciélago! Llevo varios meses buscándolo.

—¿Por qué razón? —preguntó el murciélago.

— Le aseguro que por una razón muy importante —explicó el tigre—. Parece que todos los animales del bosque ya han pagado sus impuestos. Es decir, todos menos usted.

—Aaaa. . . pero yo no soy animal —dijo el murciélago—. ¿Por qué quiere que pague si no soy animal terrestre?

> ¿Qué hace el murciélago para probarle al águila que no es pájaro?

—Pero camina en cuatro patas igual que los otros animales —le contestó el tigre—. Por eso debe pagar la parte que le corresponde. Es lo justo.

¿Qué creen que el murciélago va a hacer ahora?

—Fíjese, amigo Tigre, y le demostraré que no soy animal terrestre.

Y con eso, el murciélago abrió las alas y voló hasta el cielo.

—¡Es verdad! —exclamó el tigre—. El murciélago no es animal terrestre. ¡Es ave!

Como el murciélago no quería volverse a encontrar con el tigre otra vez, dejó de usar las patas cortas que tenía para caminar y éstas se encogieron del todo. Tampoco quería volar durante el día para no encontrarse con el águila. Por eso es que ahora duerme en cuevas oscuras de día y sólo sale a volar de noche cuando el águila descansa.

1. **¿Qué hace el murciélago para no encontrarse ni con el tigre ni con el águila otra vez?** (Respuesta posible: El murciélago deja de usar las patas para caminar y de volar durante el día.)

2. **¿Creen que lo que hace el murciélago es ingenioso? ¿Por qué sí o no?** (Las respuestas variarán.)

Juan el Bobo y la olla de tres patas

cuento latinoamericano,
adaptado por Lucía M. González

PROPÓSITO AL ESCUCHAR LA LECTURA: responder apropiadamente a preguntas

SUGERENCIA PARA LEER EN VOZ ALTA: Lea el cuento de manera realista para exagerar lo tonto que es el protagonista.

Érase una vez un niño que era tan tonto que le llamaban Juan el Bobo. Un día, su mamá quería hacer arroz con pollo, pero no tenía una olla lo suficientemente grande.

—Juan —le dijo—, sube la loma y ve a casa de tu abuela. Dile que te preste una olla para hacer arroz con pollo.

—Pero, Mamá —se quejó Juan—, estoy tan cansado y hace tanto calor hoy. No me hagas ir.

—No seas haragán, Juan —le dijo su mamá—. Quiero que vayas ahora mismo, y no te demores.

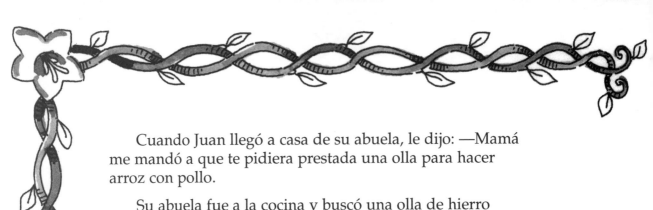

Cuando Juan llegó a casa de su abuela, le dijo: —Mamá me mandó a que te pidiera prestada una olla para hacer arroz con pollo.

Su abuela fue a la cocina y buscó una olla de hierro grande, estilo antiguo, con tres patas chiquitas. Juan tomó la olla, la equilibró sobre sus hombros y comenzó a caminar rumbo a casa.

Enseguida se cansó, pues la olla era muy, muy pesada. Puso la olla en el suelo y la estudió por un rato. Entonces notó las tres patas por primera vez.

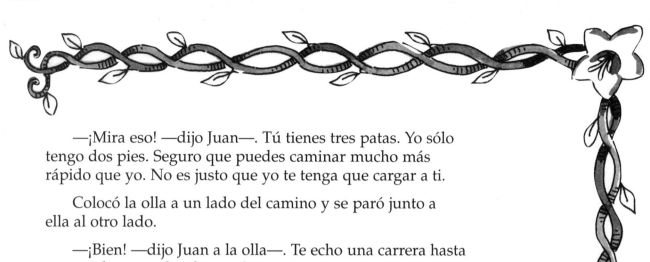

—¡Mira eso! —dijo Juan—. Tú tienes tres patas. Yo sólo tengo dos pies. Seguro que puedes caminar mucho más rápido que yo. No es justo que yo te tenga que cargar a ti.

Colocó la olla a un lado del camino y se paró junto a ella al otro lado.

—¡Bien! —dijo Juan a la olla—. Te echo una carrera hasta casa. ¡A la una, a las dos y a las tres!

Juan corrió cuesta abajo a toda velocidad y pronto llegó a casa.

Cuando su mamá lo vio con las manos vacías, le preguntó: —¿Qué pasó, Juan? ¿Dónde está la olla de tu abuela?

> ¿Por qué cree Juan que la olla puede correr una carrera hasta casa con él?

—¿No está aquí? ¿No ha llegado todavía? —le preguntó Juan asombrado.

—¿Cómo? —dijo su mamá.

—La olla de hierro, claro está —dijo Juan el Bobo—. Echamos una carrera loma abajo. Con su pata extra, debe de haber llegado hace rato.

—¡Ay, Juan! —dijo su mamá—. Regresa rápido y trae esa olla antes de que alguien la encuentre y se la lleve.

¿Por qué es que la mamá de Juan lo regaña?

El pobre Juan tuvo que subir la loma otra vez. En el mismo lugar donde la había dejado, encontró la olla parada en sus tres patitas.

—Mírate ahí parada sin dar siquiera un paso. ¡Olla haragana! —le gritó—. ¿Vienes o no vienes a casa conmigo?

¡CA-TA-PUN! Juan pateó la olla con todas sus fuerzas.

La olla cayó de lado y comenzó a rodar ¡PIN! ¡PAN! ¡PUN! traqueteando y golpeteando loma abajo.

—¡Espérate, espérate! —gritó Juan— que todavía no he contado hasta tres.

Pero la olla siguió rodando cuesta abajo y llegó a la puerta de su casa mucho antes que Juan.

Juan estaba cansadísimo de tanto correr, así que se pueden imaginar lo contento que se puso cuando descubrió que por fin la olla lo obedeció.

---

1. **¿Por qué la mamá de Juan el Bobo lo manda a casa de su abuela?** (Respuesta posible: Su mamá quiere que Juan traiga una olla grande para hacer arroz con pollo.)

2. **¿Por qué cree Juan que la olla lo obedeció?** (Respuesta posible: La olla llegó a casa antes que él.)

La misma cantidad
Más grande no siempre es mejor

por Kelly Musselman

PROPÓSITO AL ESCUCHAR LA LECTURA: **disfrutar y apreciar un cuento popular**

SUGERENCIA PARA LEER EN VOZ ALTA: **Muestre una taza de medir y dos recipientes de distintos tamaños. Después de leer el cuento, invite a voluntarios a experimentar, echando la misma cantidad de agua en los dos recipientes.**

El rey de un país muy lejano consiguió una gran cantidad de una especie preciosa. Como era un gobernante justo, invitó a todos sus súbditos a su palacio para darle a cada uno una porción del condimento. Sólo tenían que llevar una vasija donde meter la especia.

> Pida a los niños que decidan cuál será su propósito al escuchar.

Un comerciante que adoraba el sabor de esta especia decidió llevar el recipiente más grande que tenía: un cofre muy fino incrustado con piedras preciosas. Mientras esperaba en fila con los otros súbditos del rey, el comerciante soñaba con todos los platos exquisitos que prepararía con la porción de la especia que le tocaría a él. Cuando llegó su turno, el sirviente del rey midió una cantidad de la especia y la echó en su cofre.

—¿Cómo? —gritó el comerciante—. ¿Esto es todo lo que me va a dar? Aún cabe mucho más en este gran cofre que he traído.

—Eso es todo. Lo siento —dijo el sirviente, y se dirigió a la próxima persona.

Disgustado, el comerciante tomó su cofre y se fue a sentar debajo de un árbol. Miró la mísera pila de especia que ni siquiera cubría el fondo de su cofre.

Entonces notó una anciana que llevaba una cesta sencilla, hecha de juncos. La señora caminaba despacito, pues la cesta estaba llena casi hasta derramarse.

—¡Qué barbaridad! —se dijo el comerciante a sí mismo—. Le han dado mucha más especia a ella que a mí. Le ofreceré

mi pequeña porción junto con el bello cofre a cambio de su cesta. Entonces yo tendré más especia.

El comerciante llamó a la anciana y le propuso cambiar su cofre casi vacío por la cesta llena de ella. La señora asintió y el hombre siguió su camino con la cesta repleta de especia, planeando muchas comidas deliciosas.

La anciana se llevó el lujoso cofre a su casa. Lo vació, echando la especia en una cesta de juncos del mismo tamaño de la que le había dado al comerciante. La especia llenó la cesta casi hasta el borde, y la señora ahora tenía un cofre muy fino además de su porción de especia.

¿Por qué pensó el comerciante que la anciana había recibido más especia que él?

Repleta quiere decir llena hasta el borde.

1. **¿Por qué acepta la anciana cambiar su cesta por el cofre del comerciante?** (Respuesta posible: La anciana sabe que los dos contienen la misma cantidad de especia y que el cofre vale más que su cesta.)

2. **¿Creen ustedes que "más grande no siempre es mejor"? ¿Por qué sí o no?** (Las respuestas variarán.)

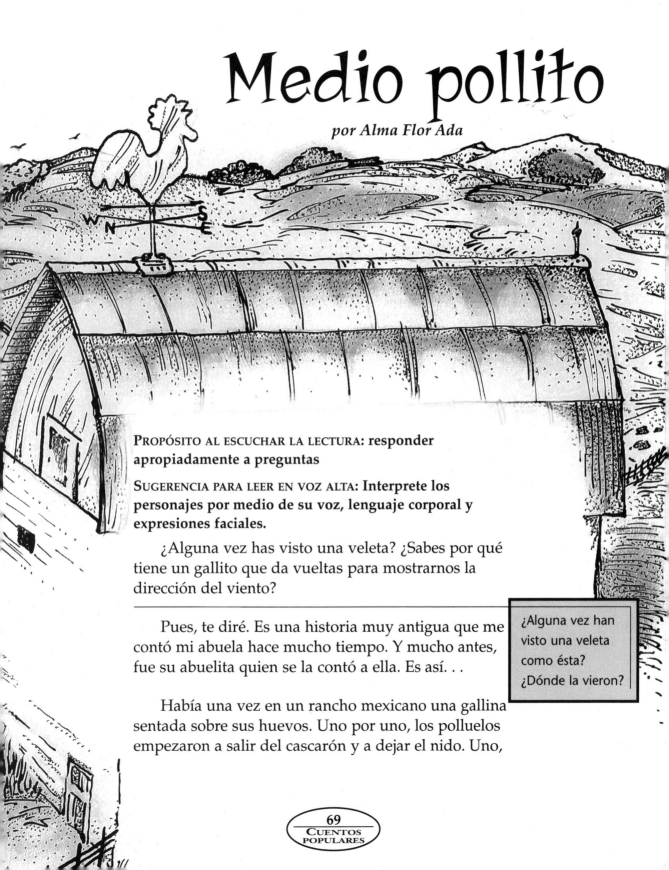

Medio pollito

por Alma Flor Ada

PROPÓSITO AL ESCUCHAR LA LECTURA: responder apropiadamente a preguntas

SUGERENCIA PARA LEER EN VOZ ALTA: Interprete los personajes por medio de su voz, lenguaje corporal y expresiones faciales.

¿Alguna vez has visto una veleta? ¿Sabes por qué tiene un gallito que da vueltas para mostrarnos la dirección del viento?

Pues, te diré. Es una historia muy antigua que me contó mi abuela hace mucho tiempo. Y mucho antes, fue su abuelita quien se la contó a ella. Es así. . .

Había una vez en un rancho mexicano una gallina sentada sobre sus huevos. Uno por uno, los polluelos empezaron a salir del cascarón y a dejar el nido. Uno,

> ¿Alguna vez han visto una veleta como ésta? ¿Dónde la vieron?

dos, tres, cuatro. . .doce polluelos salieron. Pero el último huevo no se acababa de abrir.

La pobre gallina no sabía que hacer. Los polluelos estaban correteando por todos sitios, pero no podía ir detrás de ellos porque todavía estaba empollando el último huevo.

Por fin oyó un sonido muy bajito. El último polluelo estaba tratando de romper el cascarón desde adentro. Enseguida la gallina lo ayudó a abrirlo para que el polluelo número trece saliera al mundo.

Pero este no era un polluelo normal. Tenía nada más que un ala, una pata, un ojo, y solamente la mitad de las plumas que tenían los otros pollitos.

Al poco tiempo, todos en el rancho ya sabían que había nacido un polluelo muy especial.

Los patos se lo dijeron a los pavos. Los pavos se lo dijeron a las palomas. Las palomas se lo dijeron a las golondrinas. Y las golondrinas volaron por los campos, contándoles la noticia a las vacas que pastaban tranquilas con sus terneros, a los toros feroces y a los caballos veloces.

Pronto, la gallina se vio rodeada de animales que querían ver el polluelo extraño.

Uno de los patos dijo: —¡Pero nada más que tiene un ala!

Y uno de los pavos añadió: —¡Pues, miren bien. . . es tan solo medio pollo!

Desde entonces, todos lo llamaron Medio pollito. Y con toda la atención que recibió, Medio pollito se puso muy engreído.

Engreído quiere decir demasiado orgulloso de sí mismo.

Un día oyó a las golondrinas, que eran grandes viajeras, hablando de él: —Ni siquiera en la corte del virrey en la misma Ciudad de México hay nadie tan extraordinario.

Entonces Medio pollito decidió que era hora de dejar el rancho. Una mañana, muy temprano, se despidió de todos diciendo en voz alta:

—¡Adiós, adiós!
¡Me voy a Ciudad de México
a ver la corte del virrey!

Y chum, pum, chum, pum emprendió su camino, saltando con su único pie.

El *virrey* es una persona que gobierna un país en nombre del rey.

Medio pollito no había caminado muy lejos cuando se encontró un arroyo cuyas aguas estaban estancadas por unas ramas.

—Buenos días, Medio pollito —le dijo el arroyo—. ¿Me puedes quitar estas ramas que me detienen el paso?

Medio pollito le quitó las ramas y las tiró a un lado. Pero cuando el arroyo lo invitó a que se quedara un rato para bañarse y nadar en el agua, Medio pollito le contestó:

—No tengo tiempo que perder.
¡Me voy a Ciudad de México
a ver la corte del virrey!

Y chum, pum, chum, pum emprendió su camino,
saltando con su único pie.

Al poco rato, Medio pollito se encontró con un pequeño
fuego, apenas encendido, entre unas piedras.

—Buenos días, Medio pollito —le dijo el fuego—. ¿Me
puedes abanicar un poquito con tu ala? Estoy al apagarme.

Medio pollito abanicó el fuego con su ala, y éste se avivó.
Pero cuando el fuego lo invitó a que se quedara un rato para
entrar en calor, Medio pollito le contestó:

—No tengo tiempo que perder.
¡Me voy a Ciudad de México
a ver la corte del virrey!

Y chum, pum, chum, pum emprendió su camino, saltando con su único pie.

Después de caminar un poquito más, Medio pollito se encontró con el viento enredado en unos árboles.

—Buenos días, Medio pollito —le dijo el viento—. ¿Me puedes desenredar para que yo pueda seguir mi camino?

¿Qué hará ahora Medio pollito?

Medio pollito desenredó las ramas. Pero cuando el viento lo invitó a que se quedara a jugar y le ofreció soplarlo de un lado a otro como una hoja seca, Medio pollito le contestó:

—No tengo tiempo que perder.
¡Me voy a Ciudad de México
a ver la corte del virrey!

Y chum, pum, chum, pum emprendió su camino, saltando con su único pie. Y, por fin, llegó a la Ciudad de México.

Medio pollito cruzó la inmensa Plaza Mayor, pasando puestos de carne, pescado, verduras, frutas, queso y miel. Pasó el Parián, el mercado donde se vendían muchas cosas bellas. Finalmente, llegó a la puerta del palacio del virrey.

—Buenas tardes —dijo Medio pollito a los guardias del palacio en sus uniformes muy finos y adornados—. He venido a ver al virrey.

Uno de los guardias se empezó a reír. El otro le dijo: —Lo mejor es que vayas a la puerta de atrás y entres por la cocina.

¿Por qué le dice el guardia a Medio pollito que vaya a la cocina?

Y Medio pollito fue chum, pum, chum, pum alrededor del palacio a la puerta de la cocina.

En cuanto lo vio el cocinero, dijo: —¡Qué suerte! Este pollo es lo que me hace falta para hacerle la sopa a la virreina. —Y con eso tiró a Medio pollito en una olla llena de agua que tenía en el fogón.

Cuando Medio pollito sintió lo caliente que estaba el
agua, gritó: —¡Fuego, fuego, ayúdame! Por favor, no me
quemes.

El fuego le contestó: —Tú me ayudaste a mí cuando yo
necesité ayuda, así que ahora me toca ayudarte a ti. Dile al
agua que salte encima de mí y me apague.

¿Qué creen que
hará el fuego?
¿Por qué?

Entonces Medio pollito le pidió al agua: —¡Agua, agua,
ayúdame! Brinca encima del fuego y apágalo para que no me
pueda quemar.

Y el agua le contestó: —Tú me ayudaste a mí cuando yo
necesité ayuda, así que ahora me toca ayudarte a ti. Y saltó
en el fuego y lo apagó.

Cuando el cocinero regresó, vio que el agua estaba toda derramada y el fuego estaba apagado.

—Este pollo no se merece tanto trabajo —dijo enojado—. Además, una de las damas de la corte me acaba de decir que la virreina ya no quiere sopa. Lo único que quiere ahora es ensalada.

Y agarró a Medio pollito por la pata y lo lanzó por la ventana.

Cuando Medio pollito se vio dando vueltas por el aire, gritó: —¡Viento, viento, ayúdame, por favor!

Y el viento le contestó: —Tú me ayudaste a mí cuando yo necesité ayuda, así que ahora me toca ayudarte a ti.

El viento sopló con fuerza. Lo remontó más y más alto hasta que el pobre gallito se posó en una de las torres del palacio.

—Desde aquí podrás verlo todo, Medio pollito, sin peligro de volver a caer en la olla.

Y, desde ese día, las veletas tienen gallitos parados en un solo pie que miran todo lo que ocurre en la tierra y apuntan en la dirección que sopla su amigo el viento.

---

1. **¿Quién salvó a Medio pollito? ¿Por qué razón?**
(Respuesta posible: El fuego, el agua y el viento salvaron a Medio pollito porque él los había ayudado a ellos.)

2. **Los cuentos populares a menudo tienen moralejas que enseñan cómo se debe vivir la vida. ¿Cuál creen que sea la moraleja de este cuento?** (Respuesta posible: Cuando somos buenos con los demás, ellos nos tratarán de la misma manera.)

Poemas

Caballitos

Antonio Machado

PROPÓSITO AL ESCUCHAR LA LECTURA: aprender vocabulario nuevo

SUGERENCIA PARA LEER EN VOZ ALTA: Lea estrofa por estrofa haciendo énfasis en los sinónimos que usa el autor para la palabra *caballito*

Pegasos, lindos pegasos,
caballitos de madera.

Yo conocí, siendo niño,
la alegría de dar vueltas
sobre un corcel colorado
en una noche de fiesta.

En el aire polvoriento
chispeaban las candelas
y la noche azul ardía
toda sembrada de estrellas.

Alegrías infantiles
que cuestan una moneda
de cobre, lindos pegasos,
caballitos de madera.

Si este poema no tuviera un título, ¿cómo lo nombrarías? (Respuesta posible: caballito, pegaso, corcel)

Pegaso: caballo con alas de la mitología griega

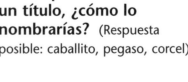

El escarabajo

Javier Vilar

PROPÓSITO AL ESCUCHAR LA LECTURA: **disfrutar y apreciar un poema**

SUGERENCIA PARA LEER EN VOZ ALTA: **Lea el poema haciendo énfasis en el primer y último verso de cada estrofa para que los niños noten la rima al final de las últimas palabras.**

El escarabajo
anda con trabajo.

Trepa por la mano,
va de dedo en dedo.
El niño le mira
sin asco ni miedo.

Porque le parece
muy interesante
su negro pulido
tan duro y brillante.

Se pone las gafas
para ver mejor,
y el escarabajo
se hace un gran señor

de traje planchado,
lento de registro
y con más empaque
que un señor ministro.

El escarabajo
anda con trabajo.

¿Qué aprendiste en este poema de los escarabajos?
(Respuesta posible: los escarabajos son animalitos chiquitos (insectos), son de color negro brillante, tienen los ojos grandes y caminan lentamente.)

Ana y Vicente

PROPÓSITO AL ESCUCHAR LA LECTURA: escuchar con atención al poema

SUGERENCIA PARA LEER EN VOZ ALTA: Lea varias veces el poema para que los niños puedan visualizar las ideas.

Ana y Vicente
cada mañana
van a la fuente.

Llenan el cubo,
vuelven a casa,
saltan y corren:
veréis qué pasa.

Ana da un vuelco,
pierde un zapato.
Vicente cae
al poco rato.

Vicente y Ana
van a la fuente
cada mañana.

¿Para qué van Ana y Vicente a la fuente? (Respuesta posible: para llenar un cubo de agua)

 # Don Gato

Popular

PROPÓSITO AL ESCUCHAR LA LECTURA: identificar sonidos repetidos

SUGERENCIA PARA LEER EN VOZ ALTA: Aumente la velocidad de la lectura a medida que lee cada verso

Estaba el señor don Gato
en silla de oro sentado,
cuando vino la noticia
que tiene que ser casado
con una gatita blanca,
hija del gatito pardo.

Y se puso tan contento
que se cayó desmayado.
Llamaron a siete médicos
y otros siete cirujanos;
dijeron que estaba muerto
y por muerto lo dejaron.

Ya le llevan a enterrar
por la calle del pescado;
y al olor de las sardinas,
el gato ha resucitado.

Dando un salto de la caja
se ha metido en el mercado;
robando una pescadilla
porque estaba desmayado.
Entonces salió corriendo
de un modo desesperado.

Por tirar la calle arriba,
tiró por la calle abajo,
tropezando con un perro,
que le arrancó medio rabo,
le echó las tripas al aire,
después de haberle besado.

Y entonces quedó bien muerto
como en la guerra el soldado.

**¿Crees que muere Don Gato al
final del poema? ¿Por qué?**
(Respuesta posible: No, creo que está
desmayado y que vuelve a resucitar.)

En las mañanicas

Lope de Vega

PROPÓSITO AL ESCUCHAR LA LECTURA: conectar experiencias e ideas propias con las de otros

SUGERENCIA PARA LEER EN VOZ ALTA: Lea el poema expresivamente.

En las mañanicas
del mes de mayo
cantan los ruiseñores,
se alegra el campo.

En las mañanicas,
como son frescas,
cubren los ruiseñores
las alamedas.

Ríense las fuentes
tirando perlas
a las florecillas
que están más cerca.

Vístense las plantas
de varias sedas,
que sacar colores
poco les cuesta.

Los campos alegran
tapetes varios;
cantan los ruiseñores,
se alegra el campo.

¿En qué estación del año crees que se encontraba el autor cuando escribió el poema?
(Respuesta posible: En invierno porque extrañaba la primavera.)

Si estuvieras en verano y extrañaras el invierno, ¿qué escribirías sobre esta estación?
(Las respuestas variarán.)

Sopla, sopla, el viento norte

Anónimo

PROPÓSITO AL ESCUCHAR LA LECTURA: identificar rimas

SUGERENCIA PARA LEER EN VOZ ALTA: Haga énfasis en la última palabra de cada estrofa.

Esta noche va a nevar.
¿Qué va a hacer el jilguero?
El jilguerito, ¿qué hará?
Se sentará en el granero
y allí se calentará.
En el manto de las alas
su cabeza esconderá.
¡Pobrecito jilguerito!
¡Vuela, que te vas a helar!

¿Crees que al jilguero le gusta el invierno o el verano? ¿Por qué?
(Respuesta posible: el verano, porque no tiene que abandonar su lugar para sentirse calentito.)

El ciempiés ye-yé

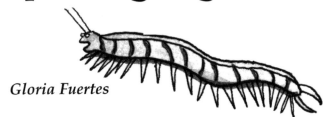

Gloria Fuertes

PROPÓSITO AL ESCUCHAR LA LECTURA: disfrutar y apreciar el poema

SUGERENCIA PARA LEER EN VOZ ALTA: Lea el poema lentamente para que los niños escuchen las palabras que riman.

Tanta pata y ningún brazo
¡qué bromazo!
Se me dobla el espinazo,
se me enredan al bailar.
¡Qué crueldad!
por delante y por detrás,
sólo patas nada más.

Grandes sumas
me ofrecieron,
si futbolista prefiero
ser,
pero quiero ser cantor
y tocar el saxofón
con la pata treinta y dos
en medio de la función.

¿Cuántos instrumentos podría tocar un ciempiés en una orquesta? (Las respuestas variarán.)

Primavera sin rosas

Popular

PROPÓSITO AL ESCUCHAR LA LECTURA: escuchar atentamente al poema

SUGERENCIA PARA LEER EN VOZ ALTA: Lea el poema varias veces seguidas para facilitar la comprensión de los niños.

Sin rosas ha nacido
la primavera,
y pide una limosna
de puerta en puerta.
Dale tú, niña,
un puñado de rosas
de tus mejillas.

¿De qué color son las rosas de que habla el poeta? ¿Cómo lo sabes?
(Respuesta posible: rojas porque de ese color son las mejillas de la niña)

No ficción

¿De qué sirve un incendio forestal?

por Dorothy Hinshaw Patent

Propósito al escuchar la lectura: adquirir conocimientos

Sugerencia para leer en voz alta: Lea el artículo despacio para que los niños puedan ir comprendiendo los datos uno por uno.

En 1988, fuegos arrasaron con secciones del Parque Nacional Yellowstone, ubicado en partes de Wyoming, Montana y Idaho. Los fuegos fueron tan extensos que muchas personas pensaron que el parque entero había sido destruido. Pero en la primavera siguiente, la hierba y las flores se dieron con abundancia entre los troncos ennegrecidos. Nuevas plantas brotaron y crecieron, reemplazando los árboles muertos. Las aves y otros animales regresaron a las áreas quemadas para vivir, alimentándose de las plantas y de insectos que se hallan en los árboles muertos. Partes de Yellowstone habían cambiado mucho, pero los bosques no se habían perdido para siempre. Los fuegos naturales son una parte necesaria del ciclo de vida de la mayoría de los bosques.

> ¿Cómo se sabía que el fuego no había destruido el Parque Yellowstone?

Un fuego natural es cualquier fuego que no es causado por la gente sino por un fenómeno de la naturaleza, como el

relámpago. El relámpago es una causa común del fuego: un rayo puede hacer astillas de un árbol y mandar chispas y brasas en todas direcciones. Para protegerse de los incendios, algunas plantas han desarrollado maneras especiales de adaptarse al fuego. Muchos árboles, como los secoyas y los pinos de la ponderosa, tienen una corteza muy gruesa que resiste el fuego. Otro árbol, un tipo de pino llamado pinus

contorta (que significa "pino enredado"), tiene piñas que sólo se abren cuando son expuestas a extremado calor. Se mantienen cerradas hasta que el fuego acaba con las matas bajas que rodean los árboles, y así las semillas dentro de las piñas tienen mejor oportunidad de crecer en la tierra recién expuesta.

Un bosque de pinus contorta, como los que se encuentran en Yellowstone, puede sustentar más flora y fauna si se incendia cada varios cientos de años. Cuando tiene más de cien años, un bosque de pinus contorta puede sustentar muy poca flora y fauna. Los árboles más viejos no dejan que la luz del sol llegue al suelo, y, por eso, no pueden crecer nuevas plantas. Los animales que dependen de las plantas para sus alimentos se tienen que mudar a otras áreas.

El *pinus contorta* es un tipo de pino muy alto que crece en el oeste de Estados Unidos.

Una vez que el fuego pasa por el bosque, todo cambia. La luz llega al suelo y nuevas plantas brotan. Las cenizas de los árboles quemados fertilizan las plantas. Poco después del fuego, la hierba y las flores cubren el suelo. Pinos nuevos nacen de las semillas que el fuego liberó. Los pájaros carpinteros hacen nidos en hoyos en los árboles muertos y abren agujeros en ellos para alimentarse de insectos. Los chirotes y otras aves de las praderas vienen a vivir ahí y los uapitíes y otros animales pastan en la copiosa hierba. Después de un fuego, un bosque de pinus contorta deja de ser lo que era, pero tiene mucha más vida que anteriormente.

1. **¿Cuáles son algunas de las cosas buenas que ocurren en un bosque después de un fuego?** (Respuestas posibles: La luz llega hasta el suelo, las cenizas sirven de fertilizante, la hierba y las flores crecen, las semillas de los pinos son liberadas por el calor del fuego y empiezan a crecer.)

2. **¿Encontrarían más animales y plantas en un bosque nuevo o en uno que es muy viejo?** (Respuesta posible: Hay más animales y plantas en un bosque nuevo. En uno viejo, los árboles altos tapan el sol y las otras plantas no pueden crecer. Entonces, los animales que se alimentan de esas plantas se tienen que ir.)

La pequeña Koko

por la Dra. Francine Patterson

PROPÓSITO AL ESCUCHAR LA LECTURA: adquirir conocimientos

SUGERENCIA PARA LEER EN VOZ ALTA: Mientras lee esta selección, haga una pausa antes de pronunciar cada una de las palabras que Koko aprende y señala.

Koko nació en el Parque Zoológico de San Francisco el 4 de julio de 1971. Le dieron el nombre de Hanabi-Ko, una palabra japonesa que significa "niña de los fuegos artificiales", pero todos la llamaban Koko.

Koko tenía tres meses la primera vez que la vi—una gorila pequeñita apretada contra la espalda de su mamá. Le

El lenguaje de los sordomudos es una manera de comunicarse con las personas que no pueden oír.

pregunté al director si podía tratar de enseñarle el lenguaje gestual de los sordomudos. Me dijo que no.

No tuve la oportunidad de trabajar con Koko hasta el año próximo. Poco después de conocerla por primera vez, ella se enfermó. Una enfermedad terrible atacó a la colonia de gorilas. Koko por poco se muere, pero los médicos y empleados del zoológico la atendieron hasta que se repuso. Su mamá no había podido cuidarla, y ahora Koko vivía en el Zoológico de los Niños. Ya estaba sana, pero no podía vivir con los gorilas adultos todavía.

Comencé a visitar a Koko en el zoológico todos los días. Al principio, yo no le agradaba mucho a Koko. Ella me ignoraba. Me mordía si la trataba de cargar. Como yo no dejaba de visitarla todos los días, Koko empezó a confiar en mí.

Todas las mañanas, yo la cargaba en mi espalda alrededor del zoológico a visitar los otros animales. Cada vez que pasábamos el elefante chico, Koko se agarraba de mí con

fuerza porque le tenía miedo a la manera en que el elefante barritaba cuando nos acercábamos.

¿Qué hacía la autora para ganarse la confianza de Koko?

Al principio, sólo traté de enseñarle tres palabras a Koko en el lenguaje de los sordomudos: *bebida, comida y más*. Enseñé a los asistentes del zoológico que trabajaban con los animales jóvenes cómo hacer el gesto que significa "comida" con las manos. Ellos usaban este gesto cada vez que le daban de comer a Koko.

Cuando le daba el biberón a Koko, hacia el gesto que significa "bebida".

También tomaba su manita y la ayudaba a formar el signo para bebida.

¿Qué creen que Koko va a hacer ahora?

Una mañana, alrededor de un mes después de que empecé a trabajar con Koko, estaba cortando frutas para ella. Koko me estaba mirando.

—Comida —me hizo el gesto.

Yo no podía creer mis ojos.

—Comida —Koko formó el signo perfectamente. ¡Se estaba comunicando conmigo! Yo quería saltar de alegría. Koko se dio cuenta de lo contenta que estaba con ella. Se alborotó tanto que agarró una cubeta, se la puso en la cabeza y comenzó a corretear por todo el salón de juego.

A los dos años, Koko ya se sabía muchos signos. No estaba limitada a usar gestos sueltos como *cárgame, bebida y más*. Estaba aprendiendo signos rápidamente y podía unirlos para hacer frases con ellos.

—Ahí boca; boca tú ahí. —Koko formaba estos signos cuando quería que yo empañara la ventana con el aliento para que dibujáramos con los dedos.

—Sirve esa rápido bebida rápido —hacía estos gestos cuando tenía sed.

¿Sobre qué habla Koko casi siempre? ¿Por qué creen que Koko habla sobre esto?

Le dimos una gran fiesta cuando cumplió tres años. Uno de sus regalos fue un par de anteojos de larga vista de juguete.

—Miren —Koko hizo el gesto y empezó a marchar por el salón con los anteojos colgados del cuello.

Con cuidado, Koko se comió casi todo su pastel de cumpleaños con una cuchara. Pero cuando llegó al último bocado, no pudo resistir. Agarró el pedazo de pastel con la mano y se lo metió en la boca.

—Más comer —nos señaló.

El día de su cumpleaños le perdonamos esos modales.

1. **¿Cómo le enseña la autora a Koko a usar el lenguaje gestual de los sordomudos?** (Respuesta posible: La autora y las otras personas en el zoológico hacían los mismos signos cuando le daban de comer a Koko. Después la autora le enseñó a Koko a hacer los gestos.)

2. **¿En qué se parece Koko a los niñitos de dos o tres años?** (Las respuestas variarán.)

Beatrix Potter

Escritora e ilustradora de
El cuento del conejito Pedro.

(1866 a 1943)

por Jean Marzollo

PROPÓSITO AL ESCUCHAR LA LECTURA: relacionar las experiencias propias con las de otras personas

SUGERENCIA PARA LEER EN VOZ ALTA: Al leer esta biografía, haga hincapié en la progresión cronológica de los sucesos en la vida de Beatrix Potter.

Beatrix Potter nació en Londres, Inglaterra, de una familia adinerada. De niña pasaba la mayor parte de su tiempo en un salón especial para los niños bajo el cuidado de una niñera. Una niñera es una empleada que cuida a los niños de otras personas en sus casas. Cuando Beatrix tenía seis años, nació su hermano Bertram. La niñera lo cuidaba a él también. Las actividades favoritas de Beatrix eran leer, dibujar y pintar.

El papá de Beatrix a menudo llevaba a la familia al campo, donde ella dibujaba pájaros, conejos y flores. Ella nunca fue a la escuela. Una institutriz, o maestra privada, y una maestra de dibujo le daban clases en el salón especial de su casa. Los compañeros de Beatrix eran sus maestras, su hermano y muchas mascotas. Ella hacía dibujos de ranas, lagartos, ratones y tortugas.

> Pida a los niños que decidan cuál será su propósito al escuchar.

> ¿Qué tipo de cosas le gustaba dibujar a Beatrix Potter cuando era niña?

Cuando Bertram se fue a un colegio para alumnos internos, la institutriz también se fue. Beatrix Potter entonces tenía diecisiete años. La mamá de Beatrix empleó a otra maestra llamada Annie Carter para que fuera a la casa. Annie era sólo tres años mayor que Beatrix y se convirtió en su primera amiga. Cuando Annie se casó, dejó de enseñar a Beatrix, pero las dos siguieron siendo buenas amigas. Beatrix les tenía mucho cariño a los hijos de Annie.

Un día, para entretener a Noel, el hijo de Annie, Beatrix le escribió una carta. En ella le dijo: "Mi querido Noel, no sé sobre qué escribirte, así que te voy a contar un cuento sobre cuatro conejitos llamados Orejitas, Peluche, Rabita y Pedro". En 1901 fue publicado con el título *El cuento del conejito Pedro* y se hizo muy popular. Beatrix Potter escribió e ilustró muchos más libros como *El cuento del conejito Benjamín* y *El cuento de la patita Jemima.* En estos cuentos, los animales se visten y actúan igual que las personas. A los 47 años, Beatrix Potter se mudó al norte de Inglaterra, donde tuvo un próspero rancho de ovejas.

1. **¿En qué se diferencia la niñez de Beatrix Potter de la de ustedes?** (Las respuestas variarán.)

2. **La mayoría de los personajes en los cuentos de Beatrix Potter son animales. ¿Por qué creen que ella dibujaba y escribía sobre animales?** (Respuesta posible: Ella probablemente sabía mucho acerca del parecido y la manera de actuar de los animales porque de niña había pasado mucho tiempo con sus mascotas.)

Índice de títulos y autores

Temas

	Temas de ¡Vamos de fiesta!						Otros temas populares														
Selecciones	Descubrimiento de sí mismo	Juntos trabajamos	Crecimiento y cambio	La creatividad	Las comunidades	Exploramos	Logros	Aventuras	Animales	Celebraciones	Desafíos	Valor	Descubrimientos	Sueños	Familias y amigos	Metas	Hogar	Viajes	Plantas	Cuentos de todo el mundo	Cuentos sin tiempo
Ana y Vicente		•						•													
Beatrix Potter			•					•							•						
Caballitos			•					•								•					
El ciempiés ye-yé						•		•					•								
¿De qué sirve un incendio forestal?			•									•	•						•		
Don Gato	•						•	•													
En las mañanicas				•						•											
El escarabajo						•		•													
El jabalí astuto				•				•												•	
Juan el bobo y la olla de tres patas				•														•		•	
Lo que oyó el pajarito			•					•							•		•				
Medio pollito		•					•	•			•							•		•	
La misma cantidad				•																•	
El murciélago			•					•												•	
La pequeña Koko		•						•		•					•						
Primavera sin rosas				•										•					•		
Ratón de campo y Ratón de ciudad	•							•							•		•	•		•	•
La regla	•						•				•				•						
Sopla, sopla, el viento norte						•		•									•	•			
La tortilla igual a la luna	•												•		•						
Una latita					•		•														
Yo sé lo que hacen cuando voy a la escuela				•											•	•	•				
Los zapatos nuevos de Silvia				•											•	•	•			•	

Propósitos al escuchar / Selecciones	determinar el propósito al escuchar	responder a intrucciones y preguntas	aprender vocabulario	participar en actividades orales	interpretar y evaluar	identificar elementos del lenguaje literario	relacionarse con otros	comparar lenguajes y tradiciones orales
Ana y Vicente	•	•						
Beatrix Potter		•						
Caballitos	•	•	•					
El ciempiés ye-yé	•	•						
¿De qué sirve un incendio forestal?	•	•	•					
Don Gato	•	•		•		•		
En las mañanicas		•					•	
El escarabajo	•	•						
El jabalí astuto	•	•						•
Juan el bobo y la olla de tres patas		•						•
Lo que oyó el pajarito	•	•						
Medio pollito		•						
La misma cantidad	•	•		•				•
El murciélago	•	•			•			
La pequeña Koko	•	•	•					
Primavera sin rosas	•	•			•			
Ratón de campo y Ratón de ciudad	•	•		•	•			•
La regla	•	•					•	
Sopla, sopla, el viento norte		•				•		
La tortilla igual a la luna	•	•	•					•
Una latita		•			•			
Yo sé lo que hacen cuando voy a la escuela		•			•		•	
Los zapatos nuevos de Silvia		•	•				•	•